Das Gesetz der Anziehung

Wie du durch Visualisierung und die Macht deiner Gedanken Glück, Erfolg und Gesundheit in dein Leben ziehst

Bonus:

Eine Schritt-für-Schritt Anleitung

Mental Experts

1. Auflage

ISBN: 9781798702246

Inhaltsverzeichnis

Mental Experts

Vorwort

Hi liebe Leserin, lieber Leser, wir freuen uns wirklich sehr, dass du dir unseren praktischen Ratgeber zum Thema *„Das Gesetz der Anziehung“* gekauft hast und möchten und daher bereits vorab bei dir dafür bedanken.

An dieser Stelle möchte ich ganz kurz die Gelegenheit nutzen, mich und mein Team vorzustellen. Ich bin **Florian** und Teil eines großartigen Teams. Unser Team besteht aus insgesamt fünf Leuten (James, Stephanie, Alina, Michael und meiner Wenigkeit) und wir sind Teil der Mental Experts Academy mit zahlreichen internationalen Standorten.

Unsere Mission ist es, das Leben von anderen Menschen positiv zu beeinflussen und ihnen dabei zu helfen, ihr Leben zum Besseren zu verändern. Hierfür haben wir uns in den letzten Jahren eine große Expertise in zahlreichen Bereichen rund um die Themen **Glück, Gesundheit, Persönlichkeitsentwicklung, gesellschaftliche Entwicklungen** und **Trendforschung** aufgebaut.

Wir beraten weltweit Menschen, die nach mehr in ihrem Leben streben und versuchen stets das Beste aus sich selbst rauszuholen. Wir unterstützen unsere Kundinnen und Kunden dabei, glücklicher und zufriedener zu werden, bessere soziale Beziehungen aufzubauen und zu pflegen, oder auch ihre mentale und körperliche Gesundheit zu verbessern!

Wir freuen uns, dass auch du dich dazu entschlossen hast, eine Wende in deinem

Leben herbeizuführen und dein Leben zum Besseren zu verändern.

Übrigens: Der Experte in unserem Team für die Themen Anziehung, Glück, Achtsamkeit und Gelassenheit bin ich, Florian (vorn im Foto). Ich werde dich durch unseren tollen Ratgeber begleiten und wünsche dir nun viel Spaß und mindestens genauso viele neue Erkenntnisse, die dir dabei helfen, dein Leben zum Positiven zu verändern.

Dein **Florian** von den

Mental Experts

Einleitung

Liebe Leserin, lieber Leser,

was bedeutet Anziehung oder Anziehungskraft? Ist es eine Kraft, die wir messen können, gleichzusetzen mit körperlicher Kraft oder ist es etwas Unsichtbares, nur gedanklich zu Erfassendes? Der Duden beschreibt die Anziehungskraft als *„Vermögen, jemanden in seinen Bann zu ziehen“.*

Sicher wolltest du auch schon jemanden in deinen Bann ziehen - ob im Berufsleben oder auf privater Ebene! Ist es dir geglückt? Hattest du Erfolg? Wenn du diese Fragen mit **Nein** beantwortest, dann bist du sicher noch nicht auf die Formel gestoßen, mit welcher das möglich ist! Denn, dass es möglich ist, zeigen uns viele Erlebnisberichte! Richte deine Gefühle und Gedanken neu aus und überdenke deine Grundeinstellung, dann kann das Glück auch zu dir kommen!

Erdenke dir ein positives Umfeld und das Glück wird dich finden! Auf keinen Fall kannst du es herbei befehlen! Nur wenn du positiv durchs Leben gehst wird es auch positiv zu dir sein! Lass dich auf das Experiment ein und erlebe Unglaubliches!

In diesem spannenden Ratgeber tauchen wir gemeinsam in eine Welt, in der es so spannende, wie unfassbare Dinge zu erleben gibt, die uns und unser Leben beeinflussen.

Hierbei gehen wir zunächst auf die Macht der Gedanken ein und schauen uns an, wie unsere Gedanken unsere Emotionen und infolgedessen auch unser Handeln beeinflussen. Anschließend gehen wir auf die Welt unserer Gefühle & Emotionen ein. Ich zeige dir, wie sich unsere Gefühle auf unser Handeln und unser Glück auswirken und wie wir bewusst unsere Gefühle steuern können.

Ich zeige dir, wie ich selbst mit der Macht der Visualisierung mein Leben verändert habe und wie auch du es schaffen kannst. Wir sind das Ergebnis dessen, womit wir uns den ganzen Tag beschäftigen und woran wir denken.

Ich zeige dir auch, wie du diese Kraft nutzen kannst, um all das Glück und all die Positivität in dein Leben zu ziehen, welches du dir schon immer gewünscht hast.

Das Konzept ist allerdings nicht neu, denn schon seit vielen Jahrhunderten bezeugen verschiedene Dokumente, dass Menschen das Gesetz in schriftlicher Form, durch Erzählen, durch Melodien oder mit Bildnissen dargestellt haben. Rhonda Byrne („*The Secret*") äußerte sich, dass wohl bereits seit 3000 vor Christus das Gesetz der Anziehung in Stein gemeißelt steht!

Auch die Religionen haben sich dem Gesetz der Anziehung nicht verschlossen! In allen großen Weltreligionen wird sie vermittelt! So findest du etwa in der Bibel (Markus 11-24): *„Alles, worum ihr betet und bittet, glaubt nur, dass ihr es schon erhalten habt, dann wird es euch zuteil!"*

„Was diese Kraft ist, kann ich nicht sagen, ich weiß nur, dass sie existiert" (Rhonda Byrne)

Wir setzen also auf, auf einem Konzept, welches bereits seit vielen Jahren bekannt ist, und versuchen dies in unser heutiges

Leben so zu implementieren, dass wir eine positive Verhaltensveränderung bei uns selbst erreichen und unser Leben infolgedessen zum Positiven verändern.

Dieser Ratgeber soll dir genau dabei eine Hilfe sein. Er soll dich dabei unterstützen, das Leben zu führen, welches du dir schon immer gewünscht hast!

Nach seiner Lektüre wirst du wissen, was das Gesetz der Anziehung ist und wie du es für dich nutzen und anwenden kannst! Starte gleich mit dem ersten Schritt in ein neues Leben!

Am Ende dieses Ratgebers habe ich noch ein besonderes Highlight für dich. Wir, von der Mental Experts sind hierfür in uns gegangen und haben uns überlegt, wie wir uns bei dir dafür bedanken können, dass du dir unseren praktischen Ratgeber gekauft hast und uns damit in unserer täglichen Arbeit unterstützt.

Es ist unser Ziel, jedem einzelnen Menschen dabei zu helfen, sein Leben zum Positiven zu verändern und etwas Besonderes daraus zu machen. Denn wir haben nur dieses eine Leben! Als Dankeschön dafür, dass du uns durch den Kauf dieses Ratgebers bei unserer täglichen Arbeit unterstützt, haben wir dir als Dankeschön einen ganz besonderen Bonus am Ende vorbereitet. Du bekommst von uns ganz konkrete Handlungsschritte, die du in deinem Alltag umsetzen kannst, um das Gesetz der Anziehung für dich zu nutzen und alles in dein Leben zu ziehen, was du dir schon immer gewünscht hast.

Nun aber genug der einleitenden Worte. Die Welt der Anziehung ist wirklich eine spannende Welt, welche bis heute zahlreiche Leben verändert hat. Ich wünsche mir, dass sie auch für dich einen solch positiven Einfluss haben wird, dass sie auch dein Leben verändern wird.

Tauchen wir nun also gemeinsam ein in eine neue Welt!

Dein Florian von den Mental Experts

Das Gesetz in Philosophie und Physik

Das Gesetz der Anziehung und seines Gegenteils, der Abstoßung, ist so alt wie das Universum selbst. Es ist überall dort wirksam, wo es materielle Körper gibt. In diesem Körper, den Sonnen oder Sternen, Planeten und Monden und anderen Himmelskörpern, ist es zu Hause.

Es nimmt sich die Materie als Hülle, durch die es wirken kann. Schon seit Jahrtausenden denken die Philosophen über dieses universell wirksame Gesetz nach. Wir finden es als Allegorie oder Symbol versteckt in allen uns bekannten Religionen wieder. Im Neuen Testament beziehen sich Worte, die Jesus gesprochen haben soll, offenbar auf das Gesetz der

Anziehung. Dort heißt es:

„Was du säst, wirst du ernten."

Deutlicher und unmissverständlicher drückte es in vorchristlicher Zeit schon der berühmte römische Kaiser und Philosoph Marc Aurel aus:

„Das Glück deines Lebens hängt von der Beschaffenheit deiner Gedanken ab. Unser Leben ist das Produkt unserer Gedanken."

Das **Gesetz der Anziehung** *(englisch: law of attraction)* wird synonymisch auch als „Resonanzgesetz" bezeichnet. Grundsätzlich hat man die Vorstellung davon, dass Gleiches Gleiches anzieht. Wie schon das Zitat von Marc Aurel zeigt, bezieht man sich dabei insbesondere auf das Verhältnis zwischen der Gedanken- und Gefühlswelt eines Menschen und seiner äußeren Umwelt.

Aber auch andere Denker und Philosophen der Antike, wie z.B. Platon, gingen mit Sicherheit davon aus, dass es eine geheimnisvolle gesetzmäßige Analogie zwischen der Innen - und Außenwelt geben muss.

In der Folge entstanden immer wieder philosophische und auch esoterische Lehren, die versuchten, diese Analogie näher zu erklären und sie für den Menschen auf die eine oder andere Weise nutzbar zu machen. Letztlich ist aber auch jedes religiöse Gebet, das ein Mensch sprechen kann, ein geäußerter Wunsch, bei dem eigentlich das Gesetz der Anziehung wirksam werden soll.

Gegen Ende des 19. Jahrhunderts finden wir das Gesetz der Anziehung unter anderem in den Werken von H.P. Blavatsky, der Begründerin der Theosophie, wieder. Seit dieser Zeit kursiert der Begriff bis heute in vielen esoterischen Gemeinschaften.

Aber auch der amerikanische Autor William Walker Atkinson, der viel über Gedankenformen und auch Yoga-Techniken schrieb, sowie der berühmte französische Romancier Victor Hugo beschäftigten sich intensiv mit dem Gesetz der Anziehung. Der berühmte amerikanische Schriftsteller Marc Twain drückte seine Ansicht dazu auf prägnante Weise aus:

„Das, was jemand von sich selbst denkt, bestimmt sein Schicksal."

Die beiden Autoren Prentice Mulford und Ralph Waldo Emerson griffen das Gesetz der Anziehung als erste Vertreter der sogenannten *„Neugeist-Bewegung“* um die Jahrhundertwende auf. Von Ralph Waldo Emerson sind die Worte überliefert:

„Der Gedanke ist die eigentliche geistige Großmacht, die die Welt beherrscht. Er ist stärker als jede andere Kraft, mächtiger als alle Materie.“

Unbedingt zu erwähnen ist auch der englische Maler, Grafiker und Esoterik-Autor Austin Osman Spare, dessen *„Buch der Freude“* ein Klassiker zum Thema *„Gesetz der Anziehung“* ist. Spare ging weiter als viele seiner Mit-Denker und kombinierte sogar Meditations- und Yoga-Techniken, um der Wirkungsweise dieses Gesetzes esoterisch auf die Spur zu kommen.

Wer sich eher für die zeitgenössische Beschäftigung mit dem Gesetz der Anziehung interessiert, sei z. B. auf die weltberühmte Star Wars Saga erinnert, in der die *„geheimnisvolle Macht“*, von der gesprochen und um die letztlich gekämpft wird, immer zuerst als die Macht der Gedanken dargestellt wird. Mit der Kraft und Beherrschung der Gedanken sind die sogenannten Yedi-Ritter sogar der Lage, andere Dinge zu bewegen.

Natürlich handelt es sich hierbei um eine künstlerische Überzeichnung der Möglichkeiten, die der Mensch haben kann. Aber es ist interessant zu verfolgen, welche Darstellungsformen immer wieder gewählt werden, um das Gesetz der Anziehung zu veranschaulichen.

Es sollte nicht vergessen werden, dass in der Star Wars Sage auch das Gesetz der Abstoßung in gewisser Weise versinnbildlicht wird, und zwar in der Figur des bösen Daath Vader, der negativen Seite des Luke Skywalker.

Ein aktuell bekanntes Buch, in dem das Gesetz der Anziehung behandelt wird, trägt den Titel „The Secret“ und wurde von Rhonda Byrne verfasst. Die Autorin bezieht sich darin selbst auf ein geheimnisvolles altes Buch, das auf mysteriöse Weise in ihren Besitz gelangt sein soll und in dem das Geheimnis des Resonanzgesetzes erklärt wird.

In diesem Buch werden Gedanken mit Magneten verglichen, die eine spezifische Frequenz haben und Dinge mit gleicher Wellenlänge anziehen.

In ihrem Buch *„The Law of Attraction”* (Das kosmische Gesetz hinter *„The Secret“*) äußern die Autoren Esther und Jerry Hicks die Ansicht, dass der Mensch die schöpferische Kontrolle über seine all körperlichen Lebenserfahrungen besitzen würde.

Die Ausübung dieser Kontrolle würde auch auf dem Gesetz der Anziehung beruhen. Sie sprechen weiter davon, dass der Mensch die Fähigkeit zum bewussten Erschaffen besitzen würde, bei dem ihm dieses Gesetz helfen würde.

Was in früheren Zeiten als Gesetz der Anziehung galt, wurde natürlich später durch die Naturwissenschaften und heutzutage auch in der sogenannten *„Quantenphysik“* untersucht.

Selbstverständlich finden wir das Resonanzgesetz auch in den Werken der berühmten Physiker Sir Isaac Newton oder Albert Einstein wieder, in denen schon früh die wissenschaftlichen Grundlagen für das heutige Verständnis von Gravitation gelegt wurden. Einsteins Verhältnis dazu muss aber eher *„gespalten“* bezeichnet werden, da er die Ansichten der Quantenphysiker seiner Zeit als *„verrückt“* titulierte.

Während die klassische Physik die Gravitationskräfte physikalisch zu beschreiben versucht, geht die Quantenphysik weiter. Nicht ohne Grund nähert sie sich damit der Esoterik stark an. Die Quantenphysik scheint sogar teilweise in der Lage zu sein, das Gesetz der Anziehung in psychologischer Hinsicht erhellen zu können.

Oft gibt es heute schon „*Cross-Over*“-Publikationen, in denen quantenphysikalische Erkenntnisse mit esoterischen Lehren verknüpft werden, in denen das Resonanzgesetz immer wieder eine entscheidende Rolle spielt.

Das große Motto der Quantenphysik lautet daher, dass der Mensch an den Geschehnissen im Universum über seine Gedanken teilnimmt und diese gleichzeitig beobachtet. So wird das Universum dann oft als ein „*Beobachter-Teilnehmer-Universum*“ beschrieben.

Man ist sogar der Ansicht, dass physikalische Experimente aufgrund der Macht der Gedanken der teilnehmenden Wissenschaftler grundsätzlich „*verfälscht seien*“ und so manche Aussage der klassischen

Physik somit anzuzweifeln wäre. Ob dies nun so ist oder nicht, man scheint dem Gesetz der Anziehung von verschiedenen Seiten immer mehr auf die Spur zu kommen.

In seinem Buch „Das universelle Lebensgesetz der Anziehung" schreibt der deutsche Autor Peter von Karst:

„Das Gesetz der Anziehung gilt generell, für alles und alle. Es gilt für alles, das existiert. Jeder Gedanke, den wir denken, jedes Gefühl, das wir fühlen, zieht ähnliche oder gleichartige Gedanken und Gefühle an. Es reicht schon aus, dass wir etwas aufmerksam betrachten. Dies erzeugt Gedanken und jeder Gedanke ruft entsprechende Gefühle und Schwingungsmuster hervor."

Allen diesen philosophischen Überlegungen liegt die grundsätzliche Annahme oder sogar Kenntnis bzw. Erfahrung zugrunde, dass jede geistige Aktivität des Menschen in Form von Gedanken und Gefühlen, positiv wie negativ, spezifische Schwingungen erzeugt.

Diese Schwingungen werden von der jeweiligen Person, die sie erzeugt, in die Außenwelt übertragen. Das geschieht im Normalfall unbewusst und unkontrolliert. So erscheint die Welt erst mal als ein Chaos unbewusst ausgesendeter Schwingungen.

In der Außenwelt rufen diese Schwingungen entsprechende Wirkungen hervor, und zwar unabhängig davon, ob sich die Person darüber bewusst ist oder nicht. Das ist wichtig zu betonen.

Je bewusster aber eine Person bei der Aussendung ist, desto besser kann sie mit den hervorgerufenen Wirkungen in der Umwelt oder Reaktionen bei Menschen umgehen und diese positiv für sich nutzen. Wobei an dieser Stelle angemerkt werden muss, dass die positive Nutzung einer Schwingung natürlich immer relativ ist.

Was für den einen positiv, kann für den anderen negativ sein. Wir sprechen daher immer nur von den subjektiv positiven Wirkungen, also von den Wirkungen, die die Schwingungen für dich als Person haben.

Gleiches zieht Gleiches an

„Gleich und Gleich gesellt sich gern“

(Redensart)

Das ist die einfachste Formulierung des Gesetzes der Anziehung. Das Gesetz ist ein Grundprinzip unseres Universums, es wirkt durch Gedanken und Gefühle. Was auch immer du dir in deinem Geist vorstellst (bewusst oder unbewusst), das wird, wie mit einem Magneten, von dir angezogen. Dabei ist die richtige Resonanz (**hier**: Schwingungen zweier Elemente) wichtig!

Nur zwei Dinge, die miteinander in Resonanz stehen, können sich anziehen. Natürlich können sich so auch Dinge, die nicht in Resonanz zueinander stehen, ge-

genseitig abstoßen. Zu vergleichen ist dies mit einem Radio! Mit ihm kannst du nur bestimmte Frequenzen empfangen. Für den Empfang von TV-Programmen eignet es sich nicht. Du siehst also, nur wenn die Frequenz (die Resonanz) zweier Dinge stimmt, können sie miteinander agieren. Jeder Gedanke, den du denkst, manifestiert deine eigene Welt und dein Umfeld! Jeder einzelne Gedanke, den du denkst. Jeden Tag, jede Stunde, jede Minute, jede Sekunde, rund um die Uhr, 365 Tage im Jahr!

Bist du nun der Meinung, dass du lange genug auf der falschen Seite des Lebens gestanden hast, dass du nun auch einmal etwas Glück verdient hast? Dann ändere dich - und glaube mir, du änderst dein Leben!

„Verändere dich, und es verändert die (deine) Welt“ **Volksweisheit**

Das Gesetz der Anziehung ist ein Naturgesetz. Es ist nicht parteiisch und nicht persönlich. Es kann von jedermann in Anspruch genommen werden, auf der ganzen Welt! Es fragt nicht, welchen sozialen Stand du hast, ob du als Bettler lebst oder als Prinzessin. Dieses Gesetz reagiert nicht nach Lust und Laune, sondern zuverlässig wie ein Schweizer Uhrwerk! Dabei ist es ihm egal, ob du daran glaubst oder eben nicht- es funktioniert immer!

Die Frage ist lediglich, ob du dieses Gesetz für dich nutzt, oder ob du dieses Potential ungenutzt an dir vorbeiziehen lässt.

Wie du genau dieses Gesetz nutzen kannst und welche Faktoren dabei eine zentrale Rolle spielen, dabei gehe in den nachfolgenden Kapiteln ein. Fangen wir an, mit der Macht deiner Gedanken!

Sonnenrad- Meditation

Eingangs wurde festgestellt, dass ein jeder Körper einen Mittelpunkt besitzt. So wie die Erde mit ihrer Anziehungskraft aus ihrem Innern auf dich einwirkt, kannst du auf die Welt um dich herum einwirken ... wenn die Kraft aus deiner Mitte heraus nach außen strahlen kann.

Du kannst zu einem Mittelpunkt werden, indem deine positiven Gedanken und Schwingungen andere Schwingungen, die in deine „*Frequenz*" fallen, anziehen.

Das Bild, das du dir dabei machen kannst, ist das eines Sonnenrads. Die Strahlen der Sonne sind deine Gedanken, die wie Strahlen aus dem Mittelpunkt ausströmen und sich in der Welt verbreiten. Dieser Mittelpunkt bis du selbst. Sonne und Sonnenrad stehen als uralte Symbole für universelles Leben.

Wenn du es physikalisch betrachten willst, werden innerhalb der Sonne tatsächlich beide Gesetze von Anziehung und Abstoßung in jeder Sekunde wirksam. Wie die Sonne für das positive Leben und die Bejahung des Lebens steht, soll auch deine Meditationspraxis positiv und lebensbejahend sein.

Für eine positive Gedankenausstrahlung und die bewusste Handhabung des Gesetzes der Anziehung ist Ruhe von größter Bedeutung. Du musst dich erst einmal vom Stress des Alltags abkoppeln, bevor du mit der eigentlichen Arbeit beginnen kannst.

Wenn du das nicht oder nur unzulänglich machst, läufst du Gefahr, allzu viel negative Schwingungen auszustrahlen und damit das Gesetz der Abstoßung wirksam werden zu lassen. Suche dir also einen ruhigen Ort deiner Wahl, wo du ungestört bist und dich wohlfühlen kannst.

Es war der englische Esoteriker Austin Osman Spare, der in besonderem Maßen die Frage anging, wie genau man die Gedanken wirksam werden lassen kann. „*Bloßes*“ Denken allein reicht nicht aus, denn du sollst ja bewusst agieren. *Wie al-*

so gibt man positiven Gedanken auch den richtigen positiven Antrieb?

Vergleichen wir es mal mit der Arbeit an einem PC:

Du sitzt am PC und schreibst einen Text, der Text befindet sich auf deinem PC beispielsweise als Word-Datei. *Wie nun aber schaffst du es, dass dieser Text auf einen anderen PC gelangt?* Klar, du wandelst ihn z.B. in eine PDF-Datei um und schickst ihn per Email ab. *Was ist passiert?* Du hast diesen Text umgewandelt, in ein anderes Format gebracht.

Übertrage das nun auf Gedanken: Der Text entspricht den positiven Gedanken, die den Gegenstand oder die Person deines Wunsches anziehen sollen.

Du weißt: Nur an etwas zu denken, reicht im Normalfalle bei weitem nicht aus, um den gewünschten Effekt der Anziehung zu erzielen. Wir müssen die Gedanken gewissermaßen im adäquaten Format auf die Reise an dem Empfänger schicken. Anderenfalls passiert es, dass sie im Chaos der Schwingungen untergehen. Und das willst du ja eben nicht.

Du willst, dass deine Gedanken, deine Schwingungen eine Person erreichen. Wenn du den Text in eine PDF-Datei umwandelt, fixierst du ihn. Dasselbe musst du mit deinem Gedankenwunsch machen. Du musst ihm das richtige Format verleihen, damit er auch dort ankommt, wo er ankommen soll. Zu diesem Format gehören vor allem zwei Faktoren:

Intensität & Altruismus

Eine Word-Datei zu versenden, kann dazu führen, dass die Formatierung des Textes verrutscht. Um zu verhindern, dass dies auch mit deinen Gedankenschwingungen geschieht, musst du während deiner Meditation deine Gedanken so intensiv wie möglich denken. Du erreichst das durch eine emotionale Verbundenheit zu dem, was sie ausdrücken und anziehen sollen.

Diese Emotionalität soll authentisch sein. Wenn du also z.B. den Wunsch hast, eine neue Frauenbekanntschaft zu machen, solltest du dich auf das Gefühl der Liebe oder der Sehnsucht konzentrieren. Denn Liebe allein ist reine Gravitation, sie ist der Inbegriff von Anziehung. Vielleicht ist Liebe sogar das einzige Wort, das das Gesetz der Anziehung umfassend beschreiben kann.

Der zweite Faktor, der hinzukommen muss, ist der des Altruismus. Dein Wunsch muss uneigennützig und selbstlos sein. Das ist es, was der Begriff Altruismus bedeutet. Er sollte so selbstlos wie das Leben selbst sein, für das die Sonne traditionell wie kein anderer Himmelskörper steht.

Besonders der Altruismus-Faktor ist besonders interessant, da er auch den Quantenphysikern bekannt ist. Diese sprechen von etwas, dass sie mit *„Teekessel-Effekt"* umschreiben. *Was bedeutet* *das?*

Du kennst es selbst, hast es bestimmt schon oft selbst erlebt: Du brühst dir morgens einen Tee auf und stehst am Herd. Es muss schnell gehen, weil du musst den Bus oder die U-Bahn zur Arbeit kriegen musst. Doch der Tee will und will nicht kochen. Dann hast du genug. In dem Augenblick aber, indem du weggehst und mehr am Herd stehst und auf den Kessel schaust, fängt der Teekessel an laut zu pfeifen.

In der Quantenphysik geht man davon aus, dass du selbst das Verhalten des Teekessels mitbestimmst. Mit deinen Gedanken beobachtest du die Moleküle von Tee und Wasser, auch wenn dir das nicht bewusst ist. Wenn du gewissermaßen den Druck der Beobachtung von ihnen nimmst, nämlich indem du deine Gedanken vom Teekessel abwendest, fängt der Tee an zu Kochen.

Der **Altruismus-Faktor** kommt dabei ins Spiel. Du schaust weg, verhältst dich uneigennützig. Es ist dir in diesem Augenblick vollkommen egal, wann der Tee anfängt zu kochen.

Offenbar ist dieser Faktor von wesentlicher Bedeutung für den Erfolg, den man hat oder nicht. Je bewusster man sich auf etwas einlässt, desto mehr beeinflusst man es. Man nimmt daran teil, wie sich die Quantenphysiker ausdrücken.

Es wird dadurch auch noch mal sehr deutlich, dass es keinen Sinn mach, sich gestresst nach der Arbeit hinzusetzen und einige Wünsche zu formulieren, in der Hoffnung, sie würden sich am nächsten Tag erfüllen. Meditative Ruhe ist ein wichtiger Schlüssel und die Grundvoraussetzung für eine erfolgreiche Arbeit mit dem Gesetz der Anziehung.

Deine Meditationen kannst du frei gestalten, wenn du einen gewissen Rahmen berücksichtigst, der hier angesprochen wurde. Aus welchen Elementen deine Meditationen bestehen, bleibt dir überlassen.

Im Folgenden einige bewährte Methoden, die man mit seinen persönlichen Meditationen verbinden kann. Sie geben deinem gedanklichen Wunsch das richtige Format.

Werde zu einem Schöpfer

Das Gesetz der Anziehung ist eine universelle Tatsache, um die niemand, auch kein Wissenschaftler herumkommt. Auch wenn Einstein der Ansicht war, dass die Vorhersagen der Quantenphysik zur Natur des Universums und des Bewusstseins *„verrückt“* seien, wurde er posthum eines Besseren belehrt.

Der Mensch hat potenziell die Möglichkeit, bewusst am universellen Geschehen teilzunehmen und die Welt um ihn herum zu gestalten. Diese Möglichkeit wird heute von der Quantenphysik im Allgemeinen bestätigt.

Doch was klassische Physiker oder Quantenphysiker theoretisch ausarbeiten mögen, gilt es praktisch anzuwenden. Hier liegt der Schlüssel. Allein die Praxis zählt. Du kannst dein Leben nicht verändern und gestalten, indem du mathematische Formel aufsagst.

Aber nach welchen Regeln wendet man das Gesetz der Anziehung an? Darauf scheinen bereits Antworten gegeben worden zu sein. Dummerweise aber fallen diese Antworten sehr oberflächlich und oft unzutreffend aus.

Wie wir schon anhand des simplen Beispiels der Weltraumrakete gesehen haben, gibt es auch ein Gesetz der Abstoßung, dass auch eine wichtige Rolle spielt, die nicht übersehen werden sollte.

Aber wie fängt man an?

Wenn du dich mit der Praxis deiner persönlichen Biogravitation beschäftigst, kannst du dir zuerst die Frage stellen, was du in deinem Leben eigentlich anziehen willst.

Welche Wünsche hast du? Man kann zwischen dem Privat- und dem Berufsbereich unterscheiden. Privat magst du dir die Bekanntschaft einer netten Frau wünschen, beruflich einen besseren Job mit einer besseren Bezahlung.

Oder vielleicht wünschst du dir gute Gesundheit und ein sorgenfreies Leben. Vielleicht eine Familie, Haus, Kinder. Es gibt ungezählte Wünsche, die man haben kann. Nur solltest du bei deinen Wünschen immer auch realistisch bleiben.

Was bedeutet das? Natürlich ist es möglich, sich bewusst und intensiv die Bekanntschaft einer Frau zu wünschen, mit fokussierten Gedanken zu versuchen, sich eine schöne Frau herbeizuwünschen. Da deine Gedanken biomagnetisch sind wirken sie auch in die Umwelt hinein.

Darauf, dass sie dabei nicht in einem leeren Raum wirken können, kommen wir später noch. In den meisten Fällen jedoch sind die ausgesendeten Gedankenströme schlichtweg zu schwach, d.h. der wirksam werdende Biomagnetismus ist zu schwach, um andere Schwingungen anzuziehen.

Der Wunsch bleibt unerfüllt. Wäre es anderes, würden wir in einer anderen Welt leben; in einer Welt nämlich, in der jeder Mensch glücklich ist und das hat, was er braucht. Wie du weißt ist die Wirklichkeit ist aber anders. Also müssen wir das Gesetz der Anziehung und seine Wirkungsweise realistisch betrachten.

Die positiven Gedankenströme, d.h. die auf den Wunsch anziehend ausgerichteten Gedanken müssen eine bestimmte Intensität haben, um wirksam werden zu können.

Der umgekehrte Fall, in dem das Gesetz der Abstoßung auftaucht, scheint einfacher zu bewirken zu sein. Diese Erfahrung hast du selbst sicherlich schon oft gemacht. Während du oft schon gehofft hast, dass dieses oder jenes in deinem Leben positiv verlaufen soll, sind negative Ereignisse offenbar häufiger eingetroffen.

Wenn du dich über etwas oder jemanden sehr stark ärgerst, du sehr wütend wirst, scheinen die negativen Schwingungen, die du aussendest, schneller zu - unerwünschten - Ergebnissen zu führen.

Wie kommt das? Die Antwort ist einfach.

Es liegt an der Intensität der Gedanken. Ärger, Wut und Hass gehören zu den stärksten Schwingungsformen, die es gibt. Sie können innerhalb kürzester Zeit zu desaströsen Ergebnissen führen, die man eigentlich oft nicht haben will.

Das erste Schlüsselwort lautet Intensität. Willst du zu einem Schöpfer werden, musst du intensiv handeln. Im Augenblick eines Wutanfalls ist man *„außer sich"*, man legt alle Energie in die Wut und kanalisiert diese in die Außenwelt.

Dabei kann es schnell passieren, dass man etwas kaputt macht, dass vielleicht etwas herunterfällt oder man sogar sich oder jemanden verletzt. Wenn man in der Lage ist, sich selbst gut zu beobachten, wird einem auffallen, dass eine negative Stimmungslage, die sich in Wut oder sogar Hass äußert, eine gewisse Zeitlang anhält.

Es ist so, als würde ein Raum davon erfüllt sein. Alles, was in diesem Raum eine Zeitlang geschieht, scheint dieser Grundstimmung irgendwie unterworfen. Der Grund ist, dass die Gedankenenergien, die du in einem solchen Falle aussendest, eine gewisse Lebensdauer haben.

Sie zerfallen nicht sofort, sondern können sich sogar, wenn sie andere negative Schwingungen finden, fortpflanzen. Dasselbe gilt natürlich für das Gesetz der Anziehung und positive Schwingungen, nur das positive Schwingungen oft nicht den Intensitätsgrad negativer Schwingungen erreichen können. Wie man das ändert, wird im weiteren Verlauf näher erläutert werden.

Du hast dir also Gedanken darübergemacht, was du in deinem Leben gerne anziehen möchtest. Jetzt ist es an der Zeit, parallel darüber nachzudenken, ob deine Wünsche überhaupt notwendig sind. Die meisten Wünsche, die Menschen haben, sind spontan und bei näherem Überlegen oft gar nicht mehr von Bedeutung. Überlege dir also immer gut, was du dir wünschst. Denn wenn du das Gesetz der Anziehung erfolgreich anwenden kannst, gehen diese Wünsche auch auf die eine oder andere Weise in Erfüllung. Da mag schon ein so mancher von seiner eigenen Gedankenkraft negativ überrascht worden sein.

Die Macht der Gedanken

In diesem Kapitel zeige ich dir, welche Rolle deine Gedanken für dich und dein Leben spielen, und wie du sie gezielt dafür einsetzen kannst, dein Leben in die von dir gewünschte Richtung zu lenken.

Bewusste Gedanken - Unbewusste Gedanken

Die Mehrzahl der Menschen weiß gar nicht, dass dieses Gesetz existiert. Die meisten Menschen denken einfach vor sich hin und sind sich ihrer Gedanken meist nicht einmal bewusst. **Die Folge:** Sie machen sich meist Sorgen und denken über Negatives, so dass sie auch Negatives in ihr Leben ziehen. Sie wissen es einfach nicht, dass sie selbst es sind, die diese negativen Dinge anziehen!

Sie nutzen also das Gesetz in ihrem (oftmals negativen) Unterbewusstsein. Willst du nun das Leben führen, welches du dir immer erträumt hast, so musst du deine Gedanken in positive Bahnen lenken!

Um dies zu erreichen, kann es hilfreich sein, in die Meditation zu gehen. Sie kann dir helfen, deine Gedanken zu kontrollieren und ins Positive zu wandeln. Suche dir einen Sinnspruch bzw. eine positive Affirmation, die du ständig wiederholst. In etwa: *„ich bin der Herr über meine Gedanken“*. Dieser Gedanke wird dir auf deinem Weg zu einer positiven Einstellung helfen.

Unser Gehirn ist nicht in der Lage, real und irreal zu unterscheiden. Dabei müssen wir ihm helfen, indem wir Gedanken vorab sortieren. Wir sagen unserem Gehirn also was positiv oder negativ ist, und seien es nur Gedanken. Das Gehirn kann als Computer gesehen werden, der nur die zugeführten Daten (also Gedanken) aufnimmt und abspeichert. Wir füttern den Computer mit den uns wichtig erscheinenden Fakten und Gefühlen.

Dazu kannst du ein ganz einfaches Experiment machen! Das Zitronenbeispiel! Am besten seid ihr zu zweit, wenn ihr das Experiment durchführt, wobei du es auch allein durchführen kannst.

Schließe deine Augen und stell dir eine saftige, reife, sonnengelbe Zitrone vor, welche vor dir auf dem Tisch liegt. Stell dir vor, wie du die Zitrone anfasst. Fühlst du ihre pralle Schale? Nimm die Zitrone in die Hand und rieche daran. Kannst du das Aroma der Zitrone riechen? Ihre angenehme Säure? Denk daran, dass du nun ein Messer in die Hand nimmst und die Zitrone in der Mitte durchschneidest.

Der Saft quillt hervor, läuft dir über die Hände. Jetzt kannst du die Säure noch deutlicher riechen. Nimm nun die Zitrone und beiße herzhaft hinein. Was spürst du? Kannst du die Säure spüren, die zu mehr Speichelproduktion führt? Spürst du das kribbeln auf der Zunge, die die Säure hervorruft? Vielleicht hörst du auch, wie beim hineinbeißen die Fruchtkammern platzen?

An diesem Beispiel kannst du sehr gut erkennen, dass unser Gehirn nicht zwischen Realität und Vorstellung unterscheiden kann, denn, obwohl du keine reale Zitrone vor dir hattest, hat dein Gehirn doch so reagiert, als ob es eine reale Zitrone war. Du hast den vermehrten Speichel im Mund gespürt, hast den herrlichen Duft in der Nase gehabt.

Falls du das Experiment mit einer anderen Person durchgeführt hast, so kann dir diese Person vielleicht auch berichten, dass du dein Gesicht verzogen hast, als du in die imaginäre Zitrone gebissen hast. Ein sehr schönes Beispiel, wie unser Gehirn arbeitet!

Gedanken und Energie

Ein besonders fokussierter Gedanke ist nichts anderes als pure Energie. Gedanken verändern die Energie um uns. Energie kann physisch vorhanden sein (etwa unsere Körper, Bäume, Sträucher, Steine etc.), sie kann aber auch nur in der nichtstofflichen Ebene vorhanden sein.

Wir sehen sie nicht, riechen sie nicht, aber dennoch ist sie hier! Gut vorstellen kannst du dir das, wenn du an Mikrowellen oder Handystrahlen denkst - du kannst sie nicht sehen, aber du wirst mit mir übereinstimmen, dass sie das sind.

Du kannst nun diese Energien auch in der

Interaktion mit anderen Menschen spüren! Achte einmal darauf!

Wieder ein Beispiel zum besseren Verstehen: du betrittst einen Raum voller Menschen. Dir unbekannte Menschen. Von manchen Menschen im Raum wirst du dich abwenden, du fühlst dich in deren Nähe nicht wohl, während du dich in der Nähe anderer besonders wohl fühlst und dich ihnen zuwendest.

Wohl gemerkt: es sind alles fremde Menschen, die du vorher noch nie gesehen hast. Du und die andere Person, ihr sendet die gleichen Frequenzen aus, eure Energien passen zusammen.

Sehr gut kannst du das auch beobachten, wenn du zum ersten Mal in ein fremdes Haus oder eine fremde Wohnung kommst. Manchmal kannst du sicher wahrnehmen, dass du dich in einen Haus oder einer Wohnung besonders wohl fühlst, fast schon *„wie daheim*“.

In einem anderen Haus oder einer Wohnung hingegen fühlst du dich überhaupt nicht wohl, möchtest am liebsten gleich wieder gehen. Das liegt nun aber nicht an Dingen wie Sauberkeit oder Einrichtung der Wohnung oder des Hauses, sondern an den Energien, die du dort wahrnehmen kannst.

Achte in Zukunft einmal auf deine Gefühle, wenn du eine fremde Wohnung oder ein fremdes Haus betrittst!

„Du kannst deine Augen verschließen, wenn du etwas nicht sehen willst, aber du kannst nicht dein Herz verschließen, wenn du etwas nicht fühlen willst“

(Johnny Depp)

Die negativen Gedanken der Anderen

Nach all dem nun gelesenen hast du sicherlich verstanden, wie du die Kraft der Anziehung für dich nutzen kannst. Nämlich mit einer positiven Einstellung und einer positiven Gedankenwelt.

Doch, was ist, wenn du nun mit deinen Freunden, Bekannten oder Kollegen zusammen bist? Was ist, wenn sie noch nichts vom Gesetz gehört haben und in ihrem Denken und Handeln negativ sind? Kann das etwa auf dich „abfärben", wie ein Kleidungsstück in der Waschmaschine?

Hier die Entwarnung: keiner hat die Macht, mittelbar in das Leben anderer einzugreifen! Sendet jemand jedoch negative Schwingungen, so können diese nur negativ beantwortet werden, wenn der Empfänger auf derselben negativen Frequenz unterwegs ist. Der Empfänger muss die negative Information zulassen. Wendet dieser sich aber bewusst davon ab oder schenkt ihr einfach keinen Glauben, so wird es dem Sender nicht möglich sein, den Empfänger negativ zu beeinflussen.

Ähnlich sieht es aus, wenn du über jemand anderen negativ denkst oder redest. Du wirst durch diese Haltung nicht dem anderen schaden, sondern nur dir selbst! Und dies gilt natürlich auch für den umgekehrten Fall! Redest oder denkst du gut bzw. positiv über einen anderen Menschen, so wird sich das positiv auf dich selbst auswirken!

Diese Wirkung wird am Stärksten, wenn du die andere Person aufrichtig liebst oder eine magische Anziehung mit den Dingen empfindest, welche die andere Person ausmachen!

„Das Leben soll Fülle sein – ÜBERALL“

(Rhonda Byrne)

Gestalte dein Leben mit Gedankenkraft

Wir Menschen (und damit meine ich ALLE Menschen, auf der ganzen Welt) werden schon in frühster Kindheit geprägt. Zuerst von unseren Eltern, Großeltern, Geschwistern. Später dann von unseren Lehrern, Ausbildern und Dozenten. Aber auch die Medien prägen uns und suggerieren uns sowohl negative, als auch positive Dinge. Etwa wenn besonders hübsche Menschen im TV zu sehen sind.

Wird unserem Gehirn oft genug gesagt,

dass Person X eine wunderschöne Frau ist, so glaubt unser Gehirn diesen Umstand irgendwann. **Tagtägliche Suggestion erschafft unser Bild von der Realität!** Doch, ist es auch die Realität, die du für dich selbst für richtig hältst? Werde dir dieser Gedanken einmal richtig bewusst!

Achte vor allem auch auf die immer wiederkehrenden Gedanken, den Gedankenmustern. Möchtest du dich nun in **Achtsamkeit** üben, so kann es hilfreich sein, deine Gedankenmuster in einem Tagebuch festzuhalten.

Nun kannst du diese hartnäckigen Muster in positive Gedanken umwandeln! Sage es dir immer wieder selbst und du wirst erstaunt sein, wie gut es funktioniert! Du kannst bestimmte Gedanken bewusst in deinem Kopf erzeugen! Du musst nur immer wieder üben und dranbleiben, der Erfolg wird sich einstellen! Nimm dein Leben in die eigenen Hände mit reiner Gedankenkraft!

„Deine erste Pflicht ist es, dich selbst glücklich zu machen. Bist du glücklich, so machst du auch andere glücklich“
(Ludwig Andreas Feuerbach)

Was sind deine häufigsten Gedanken?

Hinterfrage dich einmal selbst! An was denkst du am häufigsten? Sind es konstruktive Gedanken? Denkst du an deine Träume und Ziele? Denkst du an eine schöne, zufriedene Zukunft?

Oder sind deine Gedanken destruktiv? Denkst du an Ängste und Zweifel? Denkst du an Ärger und Schuldgefühle? Denkst du nur negativ? Machst du dir ständig Sorgen über Dinge, die eventuell eintreten könnten? Diese Gedanken spiegeln dein derzeitiges Leben wieder! Diese Gedanken zeigen dir, was du aktuell in dein Leben ziehst!

Aktuelle Studien sagen aus, dass ca. 90% der Dinge, über die wir uns Tag für Tag den Kopf zerbrechen und uns Sorgen machen, niemals real werden.

Diese Sorgen, die dich schlecht fühlen lasen, und die deine Emotionen, deine Gefühle und auch entsprechend deine Handlungen negativ beeinflussen, sind also völlig unbegründet.

Fast alle Menschen denken negativ über bestimmte Situationen oder Ereignisse. Sie denken daran, was sie alles nicht haben wollen, in ihrem Leben. Aus diesen ganzen (negativen) Gedanken strickt unser Gehirn nun ein persönliches Verhaltensmuster! Aus diesen negativen Verhaltensmustern wieder auszubrechen, ist ein schwieriges Unterfangen. Doch die pure Erkenntnis dessen, ist schon der erste Schritt in die richtige Richtung!

Das schlimmste an diesen negativen Gedanken jedoch ist, dass wir sie meist nur von anderen übernommen haben! Wir lassen uns von anderen Menschen einreden, dass wir für dies oder jenes nicht gut genug sind, dass wir diese oder jene Aufgabe sowieso nicht schaffen können!

Aber, du hast schon gelernt, dass man, mit der richtigen Einstellung, alles in seinem Leben erreichen kann!

Du kannst diese Schwarzseher entkräften

und mit einem Lächeln vom Gegenteil ihrer universellen Weisheiten überzeugen, denn du kennst das Gesetz der Anziehung, ein sehr machtvolles Instrument!

„Wer immer tut, was er schon kann, bleibt immer das, was er schon ist“

(Henry Ford)

Gedanken werden zu Emotionen, Emotionen zu Handlungen, & Handlungen zu Ergebnissen

Diese vier Worte beschreiben am treffendsten, wie das Gesetz der Anziehung funktioniert! Indem du an die Verwirklichung deiner Wünsche denkst wirst du diese auch erreichen!

Gedanken und Gefühle multiplizieren sich

wenn man sie denkt! Denkst du also positive Gedanken, so werden diese unweigerlich noch mehr Positives anziehen!

Doch, natürlich gilt dies auch für die entgegengesetzte Richtung! Denkst du also negativ, dann wird dies unweigerlich auch noch mehr Negatives anziehen!

Dies gilt für Gedanken und Gefühle gleichermaßen! Du wirst dich mit positiven Gedanken weitaus wohler fühlen (und dies auch ausstrahlen), als mit negativen!

Ein Beispiel: Du wachst morgens auf und dein erster Gedanken sieht in etwa so aus: *„Schon wieder zur Arbeit! Dazu habe ich heute überhaupt keine Lust“*. Deine ersten Gedanken des Tages sind also sehr negativ belegt. Dies wird sich den ganzen Tag dann auch nicht mehr ändern! Du kommst in einen Teufelskreis aus negativen Gefühlen und Gedanken!

Besser ist es, sich morgens schon ganz bewusst mit positiven Gedanken und Gefühlen zu beschäftigen! Überlege dir stattdessen lieber, für was in deinem Leben du dankbar bist! Welche Menschen in deinem Leben erfreuen dich, geben dir ein gutes Gefühl? Hast du vielleicht eine Pflanze, welche derzeit besonders schön blüht?

Dann erfreue dich daran! Oder deine Lieblingsmusik! Höre beim Aufwachen, im Bad oder beim Frühstück einfach deine Lieblingsmusik und schon wird der Tag positiv starten. Genau diese Positivität strahlst du entsprechend auch auf deine Umwelt aus und genau dieses Positivität wirst du auch von deiner Umwelt zurückbekommen und wie von Zauberhand magisch anziehen!

Entscheide dich bewusst dazu, deine Tage ab jetzt immer positiv zu starten! Sobald du damit anfängst, deine Gedanken bewusst zu wählen, kannst du dein Leben nach deinen Wünschen ändern!

An dieser Stelle möchte ich dir noch zwei kleine Tipps bzw. Morgenroutinen mit auf den Weg geben, die mir persönlich in den letzten Jahren sehr weitergeholfen haben: Zum einen dehydriert unser Körper über Nacht sehr stark, so dass es sehr wichtig ist, gleich morgens nach dem Aufstehen seinen Flüssigkeitshaushalt wieder auszugleichen. Ich trinke im Verlaufe jedes morgens einen Liter Wasser mit Zitronensaft und esse ein Stück Obst.

Dadurch fühle ich mich frisch und voller Energie und starte den Tag mit einem guten Gefühl. Zusätzlich nehmen wir durch den Zitronensaft und das Stück Obst wertvolle Mikronährstoffe zu uns, so, dass wir uns während des Tages nicht mehr so viele Gedanken darübermachen müssen, ob wir unserem Körper genügend Mikronährstoffe zugeführt haben.

Der zweite Tipp, den ich dir geben kann, hat mir in den letzten Jahren mindestens genauso viel geholfen. Ich weiß, wir alle wollen ständig auf dem neuesten Stand sein und ja nichts verpassen. Dennoch solltest du einmal versuchen dir und deinem verstand etwas Pause von dieser Informationsflut zu gönnen.

Welche Zeit könnte sich da besser eignen, als der goldene Morgen. Ich lasse morgens immer mein Handy im Offline-Modus, so dass ich mich am Morgen zu 100% auf mich selbst konzentrieren kann. Keine Nachrichten, keine Informationen & keine sonstigen Ablenkungen von der Außenwelt. Nichts kann so wichtig sein, dass es wert ist, dass du negativ in den Tag startest.

Teste bitte einmal diese beiden Tipps aus und starte damit bewusst und positiv, ohne jegliche Ablenkung von außen, in deinen Tag. Glaube mir, bereits nach kurzer Zeit wirst du diese Ruhe und dieses positive Gefühl nicht mehr missen wollen.

Starte positiv in deinen Tag und werde dir bewusst darüber, was das Gesetz der Anziehung für ein mächtiges Werkzeug ist. Durch das Gesetz der Anziehung kannst du jede Situation und jeden Umstand in deinem Leben positiv verändern und das nur, indem du deine Denkweise veränderst! Du hast die Macht, dein Leben zu verändern, nur du! Denn, nur du entscheidest, was für Gedanken du denkst und welche Gefühle du wahrnimmst!

„Du ziehst das an, wovon du glaubst, dass es wahr ist“ **(Neville Goddard)**

Wie innen, so außen

Diese vier Worte fassen die Wirkung des Gesetzes der Anziehung treffend zusammen! Nur die Dinge, die wir bereits in unserem Inneren geschaffen haben können wir auch anziehen! Oftmals hadern viele Menschen mit ihrem Schicksal.

Sie machen alles Schlechte, was ihnen widerfahren ist oder was sie aktuell noch erleben, an äußeren Umständen oder anderen Personen fest. Und dabei ist es egal, ob es sich um die finanzielle, die gesundheitliche oder die berufliche Situation handelt.

Machst du dir nun aber Gedanken, warum dies oder jenes in deinem Leben passiert ist, zu welchem Schluss kommst du dann? Beleuchte deine Überlegungen vor dem Hintergrund der Anziehung. Was fällt dir auf? Genau, jeder ist für sich und sein Leben selbst verantwortlich! Nicht der Chef, der Bankberater oder der Ehepartner, nur **DU SELBST!**

Unser Unterbewusstsein wird täglich mit zehntausenden Gedanken gefüttert. Positive und auch negative (diese werden wahrscheinlich in Überzahl sein). Du wirst also unweigerlich zu einem negativen Menschen, wenn diese Gedanken bei dir häufiger vorkommen. Nun befasst du dich aber damit, dein Leben in positive Bahnen zu lenken. Du hast Kenntnis erlangt vom **Gesetz der Anziehung** und aus diesem Umstand erwächst nun ein höheres Verantwortungsbewusstsein für dein Leben.

Nun geht es darum, dein Unterbewusstsein mit positiven Gedanken zu füttern!

Lass dich nicht mehr durch Dinge herunter ziehen, welche du eh nie in deinem Leben haben wolltest! Nimm dein Leben nun selbst in die Hand und werde zu dem, der du schon immer sein wolltest!

Fokussiere dich nur noch auf die Dinge, die du in deinem Leben auch haben möchtest! Das Gesetz der Anziehung zeigt uns also, wie wichtig es ist, seine Gedanken genau zu kennen und zu hinterfragen!

„Du wirst das woran du am meisten denkst“

(John Assaraf)

Die Macht der Gefühle

Wie wir nun gesehen haben, ist es wichtig, unsere Gedanken zu kontrollieren und zu hinterfragen. Doch, angesichts der Fülle an Gedanken (laut Rhonda Byrne in ihrem Buch „**TheSecret**" sind es rund 60.000 Gedanken pro Tag), welche jeder von uns tagtäglich denkt, ist dies schier unmöglich!

Aber, keine Sorge! Es gibt die Möglichkeit, dies trotzdem zu tun! Nämlich mit Hilfe unserer Gefühle! Sie sind wie Antennen und lassen uns jederzeit wissen, was wir denken! Um es dir anschaulicher zu machen, hier ein Beispiel:

Du möchtest einen neuen Job, deinen **Traumjob**. Was kannst du nun tun, um diesen auch zu bekommen? Zunächst einmal solltest du dich gut vorbereiten, um nicht von unerwarteten Fragen überrascht zu werden, wie dies meinen Kollegen im Foto unten passiert ist. Das ist ihnen natürlich nicht wirklich passiert.

Das Foto haben wir extra für diesen Ratgeber in unserem Büro aufgenommen ☺

Nun aber wieder zurück zum eigentlichen Thema: Um deincn Traumjob zu bekommen, wirst du sicherlich einiges an Mühen und Kosten auf dich nehmen. So könntest du bspw. vorab ein Praktikum machen, dich neu einkleiden oder dir sogar Visitenkarten mit deinem neuen Job-Titel drucken lassen (z. B.: Caroline Maier, Assistentin der Geschäftsleitung). Dies sind positive Möglichkeiten, um deinem Wunsch näher zu kommen.

Im Englischen gibt's ein schönes Sprichwort, welches zu dieser Situation passen würde „*Fake it until you make it*". Gebe etwas so lange vor, bis da es tatsächlich beherrscht. Auch wenn dieses Sprichwort sich eher auf das Beherrschen von Fähigkeiten bezieht, kann man es dennoch auch auf andere Situationen anwenden.

Wenn wir uns nur lange genug mit etwas beschäftigen, werden wir auch im Geiste dazu und sind zu Leistungen im Stande, von denen wir vorher nicht einmal zu träumen gewagt hätten.

Ein Beispiel für eine negative Gedankenwelt: Du kennst nun das Gesetz der Anziehung und sorgst dich darum, ständig negative Gedanken zu haben und dadurch noch mehr Negatives anzuziehen. Wie kommst du aus diesem Teufelskreis nun wieder heraus?

Ganz einfach! Sage dir immer wieder, dass du nur noch positive Gedanken denkst und fühlst! Auf diese Weise sendest du die Botschaft aus, dass negative Gedanken schwach und nur positive stark sind und in deinem Leben Platz haben! Konzentriere dich einzig auf das Positive und du wirst merken, wie du bald darauf auch nur noch das Positive anziehst.

Wir setzen mit unseren Gedanken einen Kreislauf in Gang, der sich selbst verstärkt und im Laufe der zeit automatisiert. Sowohl ins Positive, als auch ins Negative. Du selbst entscheidest, in welche Richtung sich dein Kreislauf bewegt. Also entscheide dich richtig!

Andere Menschen für sich gewinnen

„Wie man in den Wald hineinruft, so schallt es zurück“ **(deutsche Redensart)**

Du möchtest gerne andere Menschen für dich gewinnen? Du willst, dass andere Menschen dich bewundern und zu dir aufschauen? Du möchtest, dass die Menschen dir vertrauen? Das ist ein Wunsch, der so alt ist, wie die Menschheit selbst! Schäme dich nicht dafür, das ist kein verwerflicher Wunsch, sondern ein ganz natürlicher.

Es kann dein Leben unglaublich bereichern! Doch, wie schaffst du es, die Menschen in deiner Umgebung davon zu überzeugen? Das Gute zuerst: du kannst jeden

Menschen davon überzeugen, genau mit dir befreundet sein zu wollen! Das einzige was du dafür tun musst, ist ihnen zu geben, was sie sich am meisten wünschen! Klingt einfach, oder?

Du wirst dich nun fragen, was wünschen die Menschen denn so sehr? Du überlegst … Das Erste, dass dir einfällt: **Geld**! Du überlegst weiter … Vielleicht Sex? Was könnten die modernen Menschen noch haben wollen? Vielleicht Nahrung? Du kommst, außer dem Genannten, auf keine wirklich treffende Antwort!

Aber die Antwort ist so simpel, das es fast schon lustig anmutet! Die anderen Menschen, die wollen genau dasselbe wie du auch! Sie wollen Anerkennung, Bewunderung, Sympathie und Bedeutung!

Sie wollen jemand sein, genau wie du! Sie

wollen, dass ihre Taten bedeutend sind, dass sie im Gedächtnis bleiben. Sie wollen Spuren auf dieser Welt hinterlassen! Doch, leider schaffen das längst nicht alle Menschen, die diesen Wunsch hegen! Möchtest du aber zu denen gehören, die es wirklich schaffen, so gebe den Menschen das, was sie verlangen und wonach sie sich sehnen.

Gib deinen Mitmenschen das Gefühl besonders bedeutend und wichtig zu sein! Bist du wirklich gut darin, so wirst du von ihnen mindestens genauso für wichtig erachtet! Halte dir dabei immer vor Augen, dass wir Menschen geradezu darauf programmiert sind, wichtig zu sein und unsere Fußabdrücke zu hinterlassen.

Wir definieren uns durch Anerkennung, Lob, Wertschätzung und Bewunderung. Jeder Einzelne von uns hat eine innere

Sehnsucht nach Anerkennung und danach bedeutend zu sein. Das liegt in unseren Genen und ist etwas, wofür wir uns nicht schämen müssen.

Manche Menschen gehen sogar extreme Risiken ein, um bewundert zu werden! Denke bitte nur einmal an all die illegalen Autorennen auf deutschen Straßen! Warum machen diese meist jungen Männer das wohl?

Natürlich, weil sie vor ihren Freunden gut dastehen wollen, weil sie wollen, dass noch tagelang von ihnen gesprochen wird! Sie sehnen sich nach Anerkennung und Bewunderung und haben keine andere Möglichkeit, mit der sie diese auch bekommen können.

Um also deinen gegenüber für dich zu gewinnen, solltest du ihm einfach das geben, wonach auch du dich sehnst: höre ihm zu, lobe ihn, schenke ihm Wertschätzung und Bewunderung und glaube mir, es wird nicht lange dauern, bis du all diese positiven Dinge auch zurückbekommen wirst.

Das Gehirn kennt kein „Nein“

„Der Glaube versetzt Berge“

(Redensart)

Wenn es doch so einfach ist, etwas (Gutes) in sein Leben zu ziehen, warum lebt dann nicht jeder Mensch das Leben, welches er sich immer erträumt hat?

Nun, zum einen liegt es sicher an der Denkweise der Menschen. Sie denken nicht daran, wie sie gerne leben wollen, sondern eher, wie sie nicht leben wollen, was sie nicht in ihrem Leben haben wollen (im Buch „*The Secret*“ wird dies als die „*Will-Nicht-Epidemie*“ bezeichnet). Menschen denken, fühlen und sprechen seit Jahrhunderten darüber, was sie nicht wollen oder können.

Das Gesetz der Anziehung kann nun aber nicht zwischen **nicht-wollen** und **wollen** unterscheiden, es manifestiert, was man denkt. Unser Gehirn ist nicht in der Lage, „**nicht**, **nein**, **nie** oder **kein**“ zu verstehen, diese Verneinungen werden von ihm schlicht „*übersehen*“.

Und genau auf diese Weise reagiert auch unser Unterbewusstsein. Es kann natürlich nicht unterscheiden, dass das Negative an das wir denken (etwa Schmerz, Angst, Probleme oder Sorgen) nicht von uns gewollt ist.

Einer meiner größten Vorbilder und Mentoren, der US-Persönlichkeitstrainer **AnthonyRobbins**, hat dies einmal sehr schön formuliert:

„Wir können unserem Gehirn nicht sagen, was es nicht tun soll. Wir müssen unserem Unbewussten bildlich klar machen, was wir wollen."

Die Macht der Visualisierung

Gibst du bei Wikipedia *„Visualisierung“* ein, so erhältst du folgende Definition: *„Mit Visualisierung oder Veranschaulichung (Sichtbarmachen) meint man im Allgemeinen, abstrakte Daten (z. B. Texte) und Zusammenhänge in eine graphische bzw. visuell erfassbare Form zu bringen.“*

Nichts anderes machen wir beim **Visualisieren**! Wir fokussieren unsere Gedanken auf Dinge und Umstände, die wir gerne erreichen wollen.

In den USA ist diese Möglichkeit, seine Ziele zu erreichen besonders unter Business Leuten weit verbreitet, doch auch Stars, Sportler oder Moderatoren nutzen die Macht der Visualisierung.

Doch auch in der Medizin ist die Visualisierung gebräuchlich. Jeder kennt den Placebo Effekt! Das ist nichts anderes, als mittels Visualisierung (Vorstellungskraft) eine Verbesserung des gesundheitlichen Zustandes zu erreichen. Die Visualisierung verwandelt geistig vorgestellte Bilder für unser Gehirn in eine Realität!

Für das **Visualisieren** gebrauchen wir unser geistiges Auge.

Die Visualisierung funktioniert außerhalb der drei Dimensionen. Nun könntest du fragen: *„ist das denn dann noch reell?“* Die Antwort hierauf ist ganz klar: für unser Gehirn ist immer das reell, was wir visualisieren.

In wissenschaftlichen Studien hat sich gezeigt, dass unser Gehirn zwischen Visualisiertem und Realem nicht unterscheiden kann. Dazu wurde in Harvard eine Studie durchgeführt.

Es wurden zwei Gruppen von Personen eine einfache Melodie auf dem Piano vorgespielt. Nun sollte die eine Gruppe die Melodie fünf Tage lang für je zwei Stunden selbst am Piano spielen. Die andere Gruppe sollte sich einfach nur vorstellen, die gleiche Melodie in der gleichen Häufigkeit zu spielen.

Die neurologische Auswertung förderte dann zutage, dass die Ergebnisse beider Gruppen nahezu identisch waren.

Visualisierung gegen Stress

„Ich mache mir die Welt, wie sie mir gefällt"

(Pippi Langstrumpf)

Stress schadet uns, das dürfte mittlerweile jedem bekannt sein. Er ist ein Überbleibsel aus unserer Evolution. In frühester Vorzeit war Stress überlebenswichtig. Auch im Krieg war er ein hilfreicher Begleiter. Doch in unserer heute so zivilisierten Welt ist er nicht mehr hilfreich. Ganz im Gegenteil, Stress erhöht die Produktion und Ausschüttung von Adrenalin und verursacht psychische und körperliche Beschwerden.

Stress veranlasste unsere Vorfahren dazu, entweder durch Flucht oder Angriff auf eine Bedrohung zu reagieren. Eine solche Reaktion (Angriff oder Flucht) ist jedoch in unserer heutigen zivilisierten Welt nicht mehr angemessen!

Überlege dir doch nur einmal folgende Situation: dein Chef „kreuzt" mit einem als schwierig bekannten Kunden auf. Und dieser Kunde ist mit nichts, was du einbringst zufrieden. Egal, wie sehr du dich auch bemühst - nichts stößt auf seine Zustimmung.

Dein Körper reagiert mit Stress! Was tust du nun? Gehst du zum Angriff über? Ergreifst du die Flucht? Wohl kaum, denn dies könnte sehr negative Folgen für dein weiteres Berufsleben haben. Dir sind also in diesem Fall die Hände gebunden, im wahrsten Sinne des Wortes!

Wie kannst du nun also in solch einer Situation richtig reagieren und deinen Stresslevel senken?

Zuerst einmal ein paar tiefe, kräftige Atemzüge nehmen! Stelle dir anschließend die Stresssituationen vor deinem geistigen Auge vor. Was fühlst du? Was hörst du? Was riechst du? Versuche, das Bild in deinem Inneren so klar und präzise erscheinen zu lassen wie es nur möglich ist. Hast du nun das Bild ganz klar in deinem Kopf, dann nimm in Gedanken einen Stift und streiche dieses Bild ganz bewusst durch! Radiere es aus deinem Geist!

Dann ersetze dieses negativ behaftete, durchgestrichene Bild durch ein anderes, positiv belegtes Bild. Überlege dir, wie du Stresssituationen lösen kannst und lege dir im Kopf einen Plan zurecht, wie du besser auf solche Situationen reagieren kannst.

Auf diese Weise kannst du dein Unterbewusstsein trainieren, auf unangenehme Situationen in optimaler Weise zu reagieren!

„*Du kannst die Zukunft verändern mit dem was du heute tust*“ (Redensart)

Erfolgreich Visualisieren

Visualisieren heißt nicht nur von sich selbst oder einer Situation, welche einem passiert ein gedankliches Bild zu erschaffen. Es schließt noch andere Dinge ein, wie z. B. unsere Gefühle. Wir sollten uns deshalb bei einer Visualisierung vor allem wohl fühlen.

Dies hilft uns dabei, zusätzlich zu dem

Bild, welches wir uns vor Augen führen, noch andere Dinge wahrzunehmen! Wir können Düfte riechen, oft nur als feine Nuancen zu erkennen, wir können Töne oder Melodien hören. Wir können Dinge haptisch fühlen (denk nur mal an die Zitrone).

Um nun eine erfolgreiche Visualisierung durchzuführen, atme erst ein paar mal tief ein und wieder aus. Dann schließe deine Augen. Sei immer sehr detailliert in deinen Vorstellungen, achte auf jede Kleinigkeit! Welche Farben siehst du? Welche Kleidungsstücke tragen Personen? Wie ist die Vegetation? Blühen duftende Blumen? Riechst du vielleicht Regen?

Achte auf deine Gefühle! Wurde dir ein Wunsch erfüllt? Wie fühlst du sich dabei? Wie ist deine Stimmung in welcher Situation? Achte auf Geräusche! Kannst du etwas hören? Musik? Eine Melodie? Je mehr Einzelheiten du aufnehmen und bildlich darstellen kannst, desto besser für eine erfolgreiche Visualisierung!

Die Visualisierung ist ein sehr starkes Werkzeug, um ein Leben zu erreichen, dass du dir immer gewünscht hast! Du kreierst dir deine eigene Welt, in der du dich wohl, sicher und zufrieden fühlst! Möglich macht das ein „kleiner Trick“! Denn die Visualisierung nützt den Umstand für sich, dass dein Gehirn, wie bereits zuvor erwähnt, nicht zwischen real und gedanklich unterscheiden kann.

Es sieht lediglich Bilder! Und du sagst deinem Gehirn, was es mit diesen Bildern machen soll! Du konditionierst dein Gehirn dahingehend, dass es diese Informationen von dir mitgeteilt bekommt.

Möchtest du nun etwas visualisieren, dann tue dies so lange, bis sich deine Gedanken, deine Vorstellungen zu 100% real anfühlen! Nur dann, wenn dein Unterbewusstsein deine Visualisierung verarbeitet hat, kannst du davon ausgehen, dass sie erfolgreich sein wird!

Du kannst dir sicher sein, dass, dank dem Gesetz der Anziehung, sich in deinem Leben Dinge ändern werden!

„Fange an, diesen Moment zu leben und du wirst sehen - je mehr du lebst, desto weni-

ger Probleme wird es geben“

(Osho)

Visualisiere deinen perfekten Tag!

Diese Visualisierung soll dir helfen, einen für dich perfekten Tag zu erschaffen. Dieser eine Tag soll das Sinnbild darstellen für dein weiteres Leben! Hier dreht sich alles um die zentrale Frage, wie dein Leben aussehen würde, wenn es keinerlei Regularien, weder materieller noch sonstiger Natur gäbe und du auch keine Konsequenzen fürchten müsstest!

Du wärst ein in allen Belangen freier Mensch und müsstest dich in keinster Weise beschränken. Wie sähe also dieser, dein perfekter Tag aus? Denke bei deiner Vorstellung daran, **es gibt keine Grenzen!**

Natürlich sollst du dir keine Dinge vorstellen, die gegen Gesetze verstoßen oder schlichtweg nicht realisierbar sind (etwa ein drittes Auge mitten auf der Stirn, um es mal überspitzt aus zu drücken). Dieser Tag soll stellvertretend sein für den Rest deines Lebens. Achte also darauf, dass er dir auch genügend Abwechslung bietet! Visualisiere diesen Tag nun also!

Denke an all die kleinen aber dennoch wichtigen Dinge!

Wo ist der Tag?
Wie lebe ich?
Lebe ich allein?
Wann stehe ich auf?
Gehe ich zur Arbeit?
Was arbeite ich?
Was esse ich?
Habe ich Freunde?

Gehe ich abends feiern?
Mache ich einen Sport?
Habe ich Kinder?
Habe ich Tiere?
Was sind meine Hobbies?
Habe ich ein Auto?
Womit beschäftige ich mich, wenn ich nicht arbeiten gehe?

Es fallen dir bestimmt noch viel mehr Fragen ein!

Du kannst die Fragen als Gedankenstütze gerne auf einem Zettel notieren. Hast du nun alles bis ins Detail visualisiert, dann schreibe es für dich auf! Erwähne jedes Detail, das dir einfällt! Nutze dazu alle Sinne, die du hast (sehen, fühlen, hören, riechen). Schreibe alles bis ins Kleinste auf, auch wenn dir währenddessen neue Fragen einfallen. Lasse alle Gefühle zu und zensiere nichts! Kreiere wirklich einen

Tag, so wie er dir rundherum gefällt! Alles kann an diesem Tag möglich sein! Mach es dir immer wieder mit Bildern klar! Benutze starke Bilder für deine Ausflüge! **Lebe in Gedanken deinen Traum!**

Hast du nun alles nieder geschrieben, so achte mal auf das Gefühl, welches du nun verspürst. Wie fühlst du dich nun? **Richtig, du fühlst dich vollkommen befreit!** Und weißt du auch, warum das so ist? Weil du nun endlich Klarheit hast, wie dein Leben in Zukunft verlaufen wird!

Das Einzige, was du zur finalen Realisierung noch tun musst, ist, dir immer wieder deinen handschriftlich verfassten Bericht von deinem perfekten Tag zur Hand zu nehmen und ihn immer und immer wieder zu visualisieren. Die ständige Visualisierung erfolgt so lange, bis sie für dich und dein Gehirn wahr wird! Und du wirst es merken, je öfter du diesen Text zur Hand nimmst, desto besser wirst du dich fühlen!

„Die Gedanken sind frei …“

(Volkslied um 1790)

Kann ich es beim Visualisieren auch übertreiben?

Das ist eine berechtigte Frage, die ich immer und immer wieder höre! Manche Menschen neigen ja doch ganz klar zum Größenwahn, bei allem, was sie tun. Allein ein kurzer Rückblick auf die Geschichte bestätigt uns dies recht schnell. Aber **NEIN**, im Prinzip kannst du alles visualisieren, das du möchtest! Und damit nicht genug. Du kannst die Dinge, die du anziehen möchtest, auch so intensiv und lange visualisieren wie du es möchtest!

Du möchtest gerne eine erfolgreiche Sängerin werden? Kein Problem! Schicke deine Gedanken auf Reisen und sehe dich auf der Bühne stehen, vor dir die tobende Menge! Wie fühlt sich das für dich an? Dein Herz muss doch bis zum Hals schlagen, oder?

Was schreien die Fans unter dir? Denke aber daran, dass du diesen Erfolg niemals allein erreicht hättest, ohne die Hilfe deiner Manager und Produzenten, oder deiner Fans. Spürst du, wie gut sich dieses Bild für dich anfühlt?

Nehme es bewusst wahr! Währenddessen stellst du dir eine Frage: *„Was kann ich heute tun, um genau diesen Erfolg zu erhalten, diese Bekanntheit zu erlangen und dieses Leben zu führen?“*

Die Antwort, die dir als erster Gedanke in den Kopf kommt, solltest du dir gut einprägen (bei dem Bild mit der Sängerin könnte das vielleicht so etwas sein, wie z. B. ein kleines Musikstück in den eigenen vier Wänden aufzunehmen)! Meist ist der erste Gedanke derjenige, den wir auch in die Tat umsetzen.

„Man muss das Unmögliche versuchen, um das Mögliche zu erreichen“

(Hermann Hesse)

Kann ich Visualisierung üben?

Natürlich! Und das wäre sogar wunderbar! Denn, beim visualisieren ist es, wie bei allem: nur durch regelmäßige Wiederholung entsteht Routine! Nicht umsonst heißt es: *„Übung macht den Meister!“*

An dieser Stelle möchte ich dir ein kleines Zitat vorstellen, welches sehr gut zu diesem Thema passt. Ich habe dieses Zitat vor ein paar Jahren gelesen und seit dem wirklich tief in meinem Unterbewusstsein verankert. Und das nicht nur im Zusammenhang mit den Themen Ernährung und Abnehmen, sondern in allen Lebensbereichen:

„We are what we repeatedly do, therefore excellence is not an Act, but a Habit." (Wir sind, was wir wiederholt tun. Daher ist Exzellenz keine einzelne Handlung, sondern eine Gewohnheit.)

Über den Ursprung sind sich die Gelehrten uneinig, wobei viele diese Worte dem Philosophen William James Durant zuschreiben.

Gerade am Anfang, wenn du dich die ersten Male an der Visualisierung versuchst, wird es dir noch ganz schön mühsam vorkommen!

Du wirst dir längst noch nicht so detaillierte Vorstellungen machen können. Vielleicht kannst du auch noch „nichts riechen“ oder auch deine feinen Gefühle noch nicht so spüren, doch du kannst all dies trainieren! Und je öfter du dies tust, desto mehr bringst du dein Gehirn dazu deine gedanklichen Bilder als real zu betrachten!

Eine sehr schöne Übung, um das Visualisieren zu üben ist es, einen Gegenstand (egal, welchen) zur Hand zu nehmen und sich diesen ganz genau anzusehen. Präge dir alle Einzelheiten ganz genau ein!

Wie groß ist er? Aus welchen Materialien

besteht er? Welche Farbe hat er? Ist er schwer? Riecht er nach etwas? Wie fühlt er sich an? All diese Dinge solltest du dir gut einprägen! Nun schließe die Augen und versuche, mittels deiner Vorstellungskraft, das Objekt so genau zu beschreiben, wie du nur kannst!

„Jeder Mensch ist der Architekt seiner eigenen Zukunft“ **(Sallust)**

Lächle & die Welt wird mit dir lächeln

Dass jeder Mensch eine eigene Energieebene hat, das hast du bereits in den vorherigen Kapiteln erfahren. Dass allerdings jeder Mensch durch sein Tun und durch seine Einstellung andere Menschen beeinflussen kann, das wirst du nun im Folgenden erfahren!

Wenn wir lächeln, so drücken wir Zufriedenheit, gute Laune und Glück aus. Dies kann man mit einem Blick in unserem Gesicht erkennen. Aber, auch wenn wir wütend oder traurig sind, zeichnet sich dies auch in unserer Mimik ab. Ein Beispiel: du hast die von deinem Chef geforderte Aufgabe nicht oder nur sehr schlecht erfüllt.

Er ist natürlich nicht sehr erfreut darüber! Dies tut er kund (mit Worten, aber auch durch seine Mimik). Er hat einen sehr verdrießlichen Ausdruck im Gesicht, als er dich flott macht!

Du hast nun genau zwei Möglichkeiten, darauf zu reagieren! Entweder, du lässt dich auf die gleiche negative Ebene herab. Dann wird die Unterhaltung sehr schnell kippen und am Ende vielleicht damit enden, dass ihr beiden euch anschreit. Es ist sehr viel negative Energie in dieser Unterhaltung!

Du hast natürlich aber auch die Möglichkeit, deinem Chef mit einem Lächeln gegenüber zu treten. Nicht um ihn auszulachen! Lächle ihn offen und freundlich an und sage ihm, dass du die geforderte Aufgabe gleich noch erledigen wirst. Begegne deinem Chef mit positiven Gedanken und entsprechend auch mit einer positiven und offenen Art und du wirst sehr schnell merken, dass er seine negative Haltung aufgibt und ihr beiden auf einer sachlichen und positiven Ebene kommunizieren werdet.

Was ist hier passiert? Nun, ganz einfach, hier wurde das Gesetz der Anziehung angewandt!

Ist es dir vielleicht schon einmal aufgefallen? Was passiert meist, wenn du denkst, dass ein bestimmtest Ereignis nicht eintreten wird? Richtig, genau dann wird es in der Regel auch nicht eintreten!

Denkst du negativ über eine Sache oder ein bestimmtes Ereignis, dann wird dir auch Negatives widerfahren! Diese Dinge passieren meist nicht bewusst, sondern in unserem Unterbewusstsein.

Du kennst diesen Umstand nun und solltest in Zukunft bewusster damit umgehen.

„Wer alles mit einem Lächeln beginnt, dem wird das Meiste gelingen"

(Dalai Lama)

Wie siehst du dich und dein Leben?

Schaue ganz bewusst auf dein Leben. Wie siehst du es? Siehst du eher die negativen Dinge oder die positiven? Worauf legst du deinen Fokus? Siehst du das Glas als halb leer oder halb voll? Je nachdem, wie deine Antwort ausfällt, ziehst du eher positive oder negative Dinge an.

Das Leben hält viele spannende Prüfungen für uns bereit. Gute oder Schlechte. Nun liegt es an dir selbst, was du aus diesen Prüfungen machst! Verarbeitest du diese Situationen in deinem Inneren negativ o-der positiv?

Du alleine entscheidest, auf welche Seite du dich stellst, auf die gute (positive) oder auf die schlechte (negative). Entscheide dich ganz bewusst für die positive Seite des Lebens! Erhöhe so die Frequenz in deinem Inneren und ziehe dadurch mehr positive Situationen, Dinge und Menschen in dein Leben!

Tritt das nächste Mal ein Problem in dein Leben, so entscheide dich ganz bewusst von Anfang an, es positiv anzugehen (du hast die Wahl: jede Medaille hat zwei Seiten!). Oftmals ergeben sich die positiven Aspekte erst im Nachhinein. Deshalb gehe jedes Problem immer erst positiv an, dann wird es sich auch dahingehend für dich lösen! Sehe Probleme immer für eine Möglichkeit, in die richtige Richtung zu gehen, deine Perspektive zu ändern!

Dies ist eine sehr starke Art, das Gesetz der Anziehung für dich persönlich zu nutzen und da hin zu kommen, wo du tatsächlich sein willst! Die positive Seite soll dein ganz persönlicher Abendstern sein, der dir zeigt, wohin du dein Leben lenken solltest!

„Willst du glücklich sein, dann sei es“

(Redensart)

Vorsicht! Warnung!

Benutze nie Verneinungen! Das Universum (ebenfalls unser Gehirn) kennt dies nicht! Spreche also nie über *„ich möchte keine Schulden mehr haben!"* Das Universum kennt keine Negation, es wird auf *„Schulden"* reagieren und dir noch mehr davon senden! Anstatt dessen, sage lieber *„ich werde reich!"* Das Universum wird zu gegebener Zeit darauf reagieren und dir deinen Wunsch erfüllen!

Du kannst das Gesetz der Anziehung nicht dazu benutzen, andere Menschen unter deine Kontrolle zu bringen! Das wäre ja auch zu schön, um wahr zu sein! Was du aber tun kannst, ist, dir vorzustellen etwa einen alten Freund aus Kindertagen wieder zu sehen!

Dazu sagst du dir dann einfach: *„ich gehe jetzt mit offenen Augen durchs Leben und werde diesen alten Freund wiedersehen!“*

Verwehre dem Gesetz der Anziehung nicht den Weg zu dir! Blockiere das Gesetz niemals! Wenn du das Gesetz für dich nutzen möchtest, aber ständig denkst, dass es bei dir ja eh nicht funktioniert, dann wird es das auch nicht tun! Erlaube dem Gesetz und dem Universum für dich zu arbeiten!

Bedenke immer die alte Redensart *„sei vorsichtig mit dem, was du dir wünscht! Es könnte in Erfüllung gehen!“* Diese Lebensweisheit hat immer noch Bestand! Da das Gesetz der Anziehung ein sehr mächtiges, starkes Gesetz ist, kann es passieren, dass es sich unverzüglich manifestiert!

Ohne Vorwarnung! Deshalb,**wähle deine Wünsche immer mit Bedacht!** Es kann schnell eine Situation eintreten, welche du dir so niemals gewünscht hättest!

Mache dir nicht ständig Sorgen und bekämpfe deine Ängste! Wenn du ständig in Angst und Sorgen lebst, so wird dir das Universum auch genau das senden! Sorgen und Ängste sind sehr negative Gefühle.

Da das Universum aber mit Negation nichts anfangen kann, wird es deine Sorgen und Ängste noch potenzieren! Ein Teufelskreis entsteht, aus dem der Ausweg nur sehr schwer wieder gelingt!

„Unsere wahre Aufgabe ist es glücklich zu sein"

(Dalai Lama)

Nachdem wir uns bisher die wesentlichen Elemente des Gesetzes der Anziehung angeschaut haben, haben wir in diesem Abschnitt auch angeschaut, was man unbedingt vermeiden sollte, um das Gesetz der Anziehung für sich uns sein Leben zu nutzen.

Im folgenden Abschnitt habe ich dir nun den am Anfang versprochenen Bonus vorbereitet. In diesem Bonus zeige ich dir, wie du das **Gesetz der Anziehung** optimal auch in dein Leben integrieren und damit dein Leben zum Positiven verändern kannst.

Bonus: Wie nutze ich das Gesetz der Anziehung für mich

„Jeder ist seines Glückes Schmied“

(Redensart)

Wie du ja schon gelesen hast, besagt das Gesetz der Anziehung, dass alles, was in dein Leben tritt von dir selbst angezogen wird. Dies gilt, wenn dir Gutes widerfährt, aber genauso auch, wenn dir Schlechtes widerfährt! Wenn dir also deine Mitmenschen schlechtes wollen, so hast du dies unbewusst ausgestrahlt!

Das Gesetz gilt also für jeden Moment in deinem Leben, überall! Dabei funktioniert es durch drei einfache Schritte:

Fragen

Vertrauen

Annehmen

Aus diesen **drei Schritten** wollen wir nun versuchen, einen Weg zu finden, mit welchem du das Gesetz der Anziehung für dich nutzen kannst!

Entspannung

Schaffe eine ruhige Atmosphäre und meditiere für etwa 5-10 Minuten. Du kannst diesen Schritt natürlich auch weg lassen, doch ratsam wäre es, ihn zu befolgen! Insbesondere dieser Schritt hat mir selbst in meinem Leben sehr weitergeholfen.

Das Meditieren hilft dir dabei in dich zugehen, gelassener, achtsamer, und innerlich ruhiger zu werden. Denn erst wenn du innerlich ruhig und ausgeglichen bist,

bist du offen, um neue & positive Dinge in dein Leben zu ziehen.

Sei dir deiner Gedanken klar und zweifle nicht daran!

Sei dir bewusst, dass du mit jedem Wunsch, welchen du denkst oder aussprichst einen Wunsch bzw. eine Frage an das Universum stellst! Dieses reagiert in gleicher Weise auf deine Frage. Aus diesem Grund ist es sehr wichtig, dass du immer genau weißt, was du möchtest!

Stelle deine Frage so exakt wie nur möglich! Tust du dies nämlich nicht, so brauchst du dich nicht zu wundern, wenn das Universum, dank der ungenauen Frequenz, welche du benutzt, auch mit keinem Ergebnis antwortet, welches dich zufrieden stellt!

Bitte das Universum!

Du kannst das Universum um alles bitten! Du musst diese Bitten nicht unbedingt in Worte fassen! Suche dir viel lieber ein passendes Bild und sende dieses! Visualisiere deinen Wunsch, je detailreicher, desto besser! Ein **Beispiel**: du möchtest unbedingt das neueste Smartphone! Stell dir also vor, wie du mit dem neuen Smartphone telefonierst oder auch Fotos machst! Visualisiere genau, wie sich das Telefon in deinen Händen anfühlt, spüre das Gewicht in deinen Händen! Höre den Klingelton, welchen du eingestellt hast!

Falls du mit diesem Beispiel nur wenig oder gar nichts anfangen kannst, dann gibt es hier ein weiteres: Falls du derzeit in jemanden verliebt bist, dieser jemand davon aber (noch) nichts weiß, so stelle dir in deinen Gedanken einfach vor, wie du mit der Person ein intimes Candle Light

Dinner hast oder wie du Hand in Hand mit ihm (ihr) die Straße entlang läufst. Wie fühlt sich seine (ihre) Hand in deiner an? Hat er (sie) warme Hände? Weiche Hände? Wie riecht er (sie)? Was trägt er (sie) für Kleidung?

Schreibe die Wünsche ans Universum auf!

Formuliere deine Wünsche ganz klar auf einem Stück Papier! Schreibe immer in der Gegenwart. So, als hättest du bereits erhalten, was du dir wünscht! Beginne deine Formulierung immer in etwa so: *„Ich bin zufrieden und dankbar, dass ...“*

Setze dann deinen Wunsch ein. Auf Verneinungen solltest du dabei immer verzichten (warum, das hast du zuvor schon gelesen). Stelle dir nun jeden Tag vor, wie dein Wunsch erfüllt wird! Mache dazu die

Augen zu und stelle dir ein Detail vor, wie es sein wird, wenn dein Wunsch jetzt, in diesem Augenblick, erfüllt wird!

Fühle!

Das ist der wichtigste und auch mächtigste Punkt des Gesetzes der Anziehung! Stelle dir also vor, wie genau du dich fühlen wirst, wenn dein Wunsch erfüllt wird! Rede, denke und handle, als ob sich dein Wunsch just in diesem Moment erfüllt!

Es kann von mal zu mal vorkommen, dass es sich so anfühlt, dass dein Wunsch gar nicht mehr erfüllt werden muss, da es sich gezeigt hat, dass du auch ohne dessen Erfüllung glücklich bist. Das Universum aber wird genau darauf reagieren und dieses Gefühl und diese Gedanken verstofflichen und dir deinen Wunsch erfüllen!

Sei dankbar!

Zeige dem Universum, dass du nicht nur nehmen kannst! Gib ihm auch etwas zurück- deine Dankbarkeit! Nimm ein Stück Papier und einen Stift zur Hand und überlege dir, für was du dem Universum dankbar bist! Schließlich hat es schon viele schöne Dinge für dich getan! Sag es ihm! Ein **Beispiel**: du bist der Neue im Fußballverein.

Ein Teammitglied ist vielleicht neidisch auf deine gute Technik. Er würde es aber niemals zugeben, sondern versucht stattdessen, dich schlecht zu machen. Urplötzlich hört er aber damit auf! Für diesen Umstand kannst du dem Universum danken! Ein anderes **Beispiel**: dein heimlicher Schwarm bekennt sich endlich zu dir!

Danke dem Universum dafür! Auch das Universum ist empfänglich für Dankbarkeit! Es gibt ihm eine extra Portion Motivation, um deine Wünsche noch schneller zu erfüllen!

Setze Vertrauen in das Universum!

Nimm dich selbst einmal weniger wichtig! Viele Menschen denken, dass ihre Belange und Wünsche die wichtigsten auf der Welt sind! Dem ist aber nicht so und das Universum wird ihnen das auf seine Weise mitteilen!

Die meisten Menschen werden dann, meist schmollend, von ihren Wünschen absehen, also versagen sie an diesem Punkt! Sie achten dann nicht mehr auf das, was sie wollen, sondern fokussieren sich auf das was sie nicht haben. Genau das wird dann das Universum manifestieren.

Übe dich in Geduld! Wirf nicht gleich alles hin, nur weil es etwas dauert, bis sich deine Wünsche erfüllen! Das würde das Universum als Zeichen nehmen, dass du ihm nicht vertraust und deine Wünsche blieben unerfüllt! Vertraue dem Universum! Lasse es für deine Belange arbeiten und es wird dich nicht enttäuschen!

„Wir denken selten an das, was wir haben, aber immer an das, was uns fehlt“

(*Arthur* Schopenhauer)

Denke an dein bisheriges Leben zurück! Finde einen Moment, in welchem du besonders glücklich und mit allem im Reinen warst. Du hättest gerne mehr solche Momente in deinem Leben? Dann erinnere dich ganz genau, wie du dich dabei gefühlt hast. Hat dein Herz schneller geschlagen, vor Aufregung? Hattest du vielleicht nasse Hände vor Erwartung? Hattest du Schmetterlinge im Bauch?

Erinnere dich an diese Momente und versuche, sie erneut zu beschwören! Wenn du die gleichen Gefühle wieder erlebst, dann kannst du diese Gefühle bewusst anziehen und in deinem Leben verankern!

Erstelle eine Collage mit den Dingen, die dir wichtig sind, die du dir in deinem Leben wünschst! Das können materielle Dinge sein, genauso wie positive Gefühle! Suche dir starke Bilder und Worte für deine Collage aus! Hänge dann die fertige Collage an einem Platz auf, an welchem du sie am besten schon morgens sehen kannst.

Schaue nun jeden Tag auf deine Collage und konzentriere dich darauf, dem Universum diese guten Gefühle zu schicken! Es wird sie manifestieren und schon bald wirst du deine Wünsche von ihm erfüllt bekommen!

Konzentriere dich auf die Dinge, die du möchtest, anstatt auf diese, die du eben nicht möchtest! Ein **Beispiel**: du hast dir dein Traumhaus gekauft! Natürlich hast du es nicht sofort in bar bezahlen können, sondern musstest es, mithilfe der Bank, finanzieren.

Denke nun nicht daran, wie du deine Schulden abbaust, sondern fokussiere dich darauf, wie du zu Reichtum kommst (finde neue Strategien und Möglichkeiten, wie du noch mehr Geld verdienen kannst). Ein anderes Beispiel: du bist gegen einen bestimmten Konflikt. Fokussiere nun deine Gedanken nicht gegen diesen Konflikt, sondern konzentriere dich auf den Frieden oder auf eine Lösung des Konfliktes, so wie du ihn dir vorstellst! Genau dann, wird dein verstand dir Lösungen und Wege aufzeigen, wie du diesen Konflikt friedlich lösen kannst.

Fühle dich gut! Wenn du gerne etwas malst, was dich glücklich macht, dann male! Höre deine Lieblingsmusik! Schaue dir die Fotos des letzten Urlaubs an! Spiele mit deinem Haustier! Oder denke ganz einfach an jemanden, den du gerne hast oder den du liebst! Egal, was es ist, das dich glücklich macht, denke daran! Schließe dann deine Augen und genieße dieses Gefühl des Glücklichseins!

Sende positive Gedanken und du erhältst eine positive Realität! Dies sind sogenannte Gemütsaufheller! Sie können dir in bestimmten, negativen Zeiten helfen, dem Leben wieder etwas Positives abzugewinnen! Halte dir immer ein paar dieser Aufheller für schwere Zeiten bereit! Du kannst diese Gedanken und Gefühle auch in schriftliche Form bringen. Bastel dir dafür kleine Kärtchen aus Pappe und schreibe auf, welche Dinge und Gefühle dich glücklich machen!

Lies dir jeden Tag eines der Kärtchen durch und schließe dann die Augen, denke an diesen Moment zurück und genieße ihn in vollen Zügen! Das kann deine ganz persönliche **„Wohlfühl-Insel“** werden! Positive Gefühle = Positive Realität!

Fazit & meine persönliche Empfehlung

Lieber Leser, liebe Leserin, in diesem Buch sind wir zunächst auf die Grundlagen des Gesetzes der Anziehung eingegangen.

Hierbei habe ich dir gezeigt, wie du mit der Macht deiner Gedanken und der Macht deiner Gefühle das Gesetz der Anziehung für dich nutzen und wie du hierdurch auch andere Menschen für dich gewinnen kannst.

Ich habe dir des Weiteren gezeigt, wie du durch die Visualisierung alles in dein Leben ziehen kannst, was du dir schon immer gewünscht hast. Die Visualisierung ist ein starkes Element, welches ständige

Wiederholung und Übung benötigt, um sich in deinem Unterbewusstsein zu manifestieren.

Wenn dir dies aber durch entsprechende Beharrlichkeit gelingt, kannst du dir sicher sein, dass du auch genau die Dinge die visualisierst, in deinem Leben erhältst.

Ich habe dir im weiteren Verlauf gezeigt, dass es wichtig ist, sich auf das positive Eintreten der Ereignisse und deiner Wünsche zu konzentrieren und deinen Fokus weniger darauf zu richten, Dinge aus deinem Leben fernzuhalten bzw. zu verbannen.

Am Ende habe ich dir in meinem persönlichen Bonus für dich die wichtigsten Schritte gezeigt, die mir dabei geholfen haben, mein eigenes Leben in den letzten Jahren zum Positiven zu wandeln.

Ich hatte nach meinem Studium davon geträumt einen tollen Job in einem Unternehmen wie den **Mental Experts** zu finden, und mich um das Glück der anderen Menschen kümmern zu dürfen.

Aber ich habe es mir nicht einfach nur gewünscht. Nein, ich habe das Gesetz der Anziehung für mich genutzt und diesen Job magisch in mein Leben gezogen. Genau das gleiche wünsche ich dir auch. Ich wünsche dir wirklich von ganzem Herzen, dass du mit Hilfe des Gesetzes der Anziehung all das Positive in dein Leben ziehst, was du dir schon immer gewünscht hast.

Du darfst bei all deinen Bemühungen aber Folgendes nicht vergessen: Das Gesetz der Anziehung für dich und dein Leben zu nutzen ist keine einzelne Handlung, sondern es ist vielmehr ein Prozess, im Verlaufe dessen du dein gesamtes Leben verändern kannst. Davon bin ich zu 100% überzeugt.

Allerdings benötigt die Umsetzung eines solchen Prozesses und im Zuge dessen auch die Veränderung, die in dir stattfinden muss, sehr viel **Geduld**. Geduld ist in meinen Augen einer der Wichtigsten Faktoren zum inneren Glück.

Wir alle wollen Ergebnisse sehen und zwar lieber heute als morgen. Unser Verstand scheint von Natur aus darauf getrimmt zu sein, alles sofort haben zu wollen. Unser Kopf wird von Natur aus immer kurzfristige Ergebnisse langfristigen vorziehen.

Wenn ich die Leute bspw. frage, ob sie gern morgen achtsam, glücklich und gelassen sein möchten, ich ihnen aber dafür nicht gewährleisten könnte, dass sie diesen Zustand auch dauerhaft halten könnten, würden die meisten Menschen sofort *JA*! schreien.

Wenn ich die gleichen Menschen hingegen fragen würde, ob sie nicht lieber in einem Jahr achtsam, glücklich und gelassen sein möchten, ich ihnen dafür aber garantieren könnte, dass sie diesen Zustand langfristig halten würden, was glaubst du, wie viele dann noch JA! schreien würden. Glaube mir ich habe die Menschen befragt, und es sind die Wenigsten.

Die kurzfristige Bedürfnisbefriedigung ist einfach in uns Menschen einprogrammiert und lässt sich auch nicht so einfach aus unserem „*Code*“ löschen. Es ist ein langwieriger Prozess, in dem wir an uns arbeiten und versuchen müssen, auf kurzfristige Bedürfnisbefriedigung zu Gunsten langfristiger Ziele zu verzichten. Dies ist kein kurzfristiges unterfangen, sondern ein jahrelanger Prozess, der viel Arbeit und Ausdauer erfordert. Und es erfordert vor allem kurzfristige Bedürfnisse hinten anzustellen, um langfristige Ziele zu erreichen.

Passenderweise möchte ich dir am Ende noch ein tolles Zitat von Tony Robbins, einem meiner Mentoren, vorstellen:

„Ich bin im Laufe der Zeit zu einer Überzeugung gelangt, dir mir in extrem harten Zeiten sehr weitergeholfen hat: Was Gott uns nicht gleich gewährt hat, muss ER uns nicht zwangsläufig auf immer und ewig verwehren. Was kurzfristig unrealisierbar erscheint, lässt sich langfristig unter Umständen durchaus verwirklichen, sofern man über Beharrlichkeit verfügt. Um Erfolg zu haben, müssen wir uns dazu zwingen, stets langfristig zu denken."

(Tony Robbins - Das Robbins Power Prinzip: Befreie die innere Kraft)

Glaube an dich und mache dein Leben zu einem wahren Meisterwerk!

Dein Florian von den

Mental Experts

Literaturverzeichnis

Das Gesetz der Anziehung: Meister werden in der Kunst des Lebens (Michael J. Losier)

Das Robbins Power Prinzip: Befreie die innere Kraft (Tony Robbins)

DAS GROSSE PRAXISBUCH ZUM GESETZ DER ANZIEHUNG! Wie Sie das Gesetz der Anziehung in 5 Schritten anwenden, um das zu bekommen, was Sie wollen! (Cosima Sieger)

Das Geheimnis der Anziehung: Wie Sie Sympathien, Einfluss und die Gunst Ihrer Mitmenschen gewinnen (Michael Leister)

Das Gesetz der Anziehung: Lerne mit positivem Denken und Visualisierung deine Glaubenssätze und Wünsche zu manifestieren (MindMastery)

Visualisierung: Mit der Macht der Gedanken zu mehr Geld, Liebe und Erfüllung (Anne Liebherr)

Visualisierung: Mit der Macht der Gedanken zu mehr Geld, Liebe und Erfüllung (Anne Liebherr)

Law of Attraction: The Science of Attracting More of what You Want and Less ... (Michael J. Losier)

Impressum

Coverfoto & Grafiken: depostiphotos.com

Haftungsausschluss: Die Benutzung dieses Buches und die Umsetzung der darin enthaltenen Informationen erfolgt ausdrücklich auf eigenes Risiko. Haftungsansprüche gegen den Autor für Schäden materieller oder ideeller Art, die durch die Nutzung oder Nichtnutzung der Informationen bzw. durch die Nutzung fehlerhafter und/oder unvollständiger Informationen verursacht wurden, sind grundsätzlich ausgeschlossen. Rechts- und Schadensersatzansprüche sind daher ausgeschlossen. Das Werk inklusive aller Inhalte wurde unter größter Sorgfalt erarbeitet. Der Autor übernimmt jedoch keine Gewähr für die Aktualität, Korrektheit, Vollständigkeit und Qualität der bereitgestellten Informationen. Druckfehler und Falschinformationen können nicht vollständig ausgeschlossen werden. Der Autor übernimmt keine Haftung für die Aktualität, Richtigkeit und Vollständigkeit des Inhaltes dieses

Notizen

Notizen

Notizen

Printed in Poland
by Amazon Fulfillment
Poland Sp. z o.o., Wrocław

56591215R00083